DIE BESTEN
SMOOTHIE BOWLS

VON GABRIELE REDDEN

FOTOS VON
KARL NEWEDEL

Bassermann

Inhalt

Die Rezepte

Das sollten Sie wissen

Brauche ich einen besonderen Mixer?

Um wunderbar cremige Smoothie Bowls herzustellen brauchen Sie einen leistungs-
starken Mixer mit wenigstens 1400 Watt oder 24 000 Umdrehungen/Sekunde. Diese Geräte sind nicht gerade billig, doch wenn Sie regelmäßig Smoothie Bowls oder
Smoothies herstellen, lohnt sich die Anschaffung. Zunächst können Sie einfach Ihren
Stabmixer oder herkömmlichen Standmixer benutzen.

Womit kann ich meine Smoothie Bowls süßen?

Wenn Sie reife Früchte verwenden, sind diese meist süß genug. Wer aber nachsüßen
möchte, nimmt Zucker, Honig, Agavendicksaft, Ahornsirup usw. oder mixt Rosinen,
Banane oder Datteln mit ein. Oder Sie nehmen Süßstoffe oder Stevia, die keine Kalorien und Kohlenhydrate haben, wobei mir das letztgenannte das liebste ist, weil das
pflanzliche Stevia, soweit man bisher weiß, keine gesundheitsschädliche Wirkung hat.

Kalorienangaben

Ich habe bei den Rezepten die Kalorien angegeben. Damit Sie diese besser ein-
ordnen können, kommen hier die Referenzwerte von der Deutschen Gesellschaft
für Ernährung, die je nach körperlicher Aktivität variieren:

Mädchen von 13–15 Jahren: 1900–2500 kcal/Tag
Mädchen von 15–19 Jahren: 2000–2600 kcal/Tag
Frauen von 19–25 Jahren: 1900–2500 kcal/Tag
Frauen von 25–51 Jahren: 1800–2400 kcal/Tag
Frauen von 51–65 Jahren: 1700–2200 kcal/Tag
Frauen ab 65 Jahren: 1700–2100 kcal/Tag

Jungen von 13–15 Jahren: 2300–2900 kcal/Tag
Jungen von 15–19 Jahren: 2600–3400 kcal/Tag
Männer von 19–25 Jahren: 2400–3100 kcal/Tag
Männer von 25–51 Jahren: 2300–3000 kcal/Tag
Männer von 51–65 Jahren: 2200–2800 kcal/Tag
Männer ab 65 Jahren: 2100–2800 kcal/Tag

Smoothie Bowls: Das gesunde Power-Frühstück

Die Smoothie Bowl zum Frühstück ist einer der intelligentesten Ernährungstrends der jüngsten Zeit und das aus gutem Grund. Ob nur Gemüse, nur Früchte oder beides: Nach einer solchen Mahlzeit sind Sie energiegeladen und starten bestens versorgt in den Tag, denn diese Super-Bowls sind nährstoffreich, gesund und köstlich.

Eigentlich sind Smoothie Bowls nichts anderes als Smoothies zum Löffeln, allerdings mit einer cremigeren Konsistenz und leckeren Toppings, die obendrauf gestreut werden. So kommen noch mehr Vitalstoffe in die Bowl. Dafür habe ich Ihnen in den Rezepten immer mehrere Vorschläge gemacht, probieren Sie aus, was Ihnen gefällt.

Jeder hat seine eignen Vorlieben, ich zum Beispiel bereite meine Smoothie Bowls gerne mit Mandel- oder Kokosmilch zu. Sie können aber jede Milch verwenden, die Sie mögen und die Ihnen bekommt. Wenn ich meinen Smoothie Bowls Joghurt zufüge, dann nehme ich griechischen, weil er so wunderbar cremig ist und keine Dickungsmittel enthält. Dass die besten Ergebnisse mit reifen Früchten erzielt werden ist bekannt, daher friere ich grundsätzlich alles Obst ein, bevor es überreif und ungenießbar geworden ist.

Viel Spaß beim Genießen wünscht Ihnen Ihre

Gabriele Redden

Gute Zutaten selbst gemacht

Geröstete Mandeln / Nüsse

250 g Mandeln/Haselnüsse rund acht bis zehn Minuten im vorgeheizten Ofen bei 180 °C Ober- und Unterhitze auf einem mit Backpapier belegten Backblech rösten, bis sie zu duften beginnen. Lassen Sie die Nüsse nicht zu dunkel werden.

Mandel- und Haselnussmus

Für dunkles Mus nimmt man geröstete Mandeln/Haselnüsse mit Haut (Rezept siehe oben), für helles Mus blanchierte gehäutete Mandeln/Haselnüsse. Der Geschmack von ersterem ist etwas kräftiger, von letzterem milder und süßlicher. 200 g Mandel- oder Haselnusskerne mit ca. zwei bis drei Esslöffeln neutralem Öl und einer Prise Salz pürieren, evtl. etwas mehr Öl zugeben. Es hält sich ca. zwei Wochen im Kühlschrank. Wenn sich beim Lagern etwas Öl absetzt, dieses einfach mit einem sauberen Löffel wieder unterrühren.

Nuss-Nougat-Creme

400 g geröstete Nüsse oder Mandeln (siehe Rezept oben) in einem Mixer zu einer Paste pürieren. Zwei Prisen Salz, fünf Esslöffel Kokos- oder Sonnenblumenöl, vier Esslöffel Kakao, ½ Teelöffel Vanille-Extrakt und sechs Esslöffel Honig (oder Ahornsirup, Agavensirup etc.) zugeben und nochmals mixen. Die Creme in Schraubgläser füllen und im Kühlschrank aufbewahren, sie hält ca. vier bis sechs Wochen.

Erdnussbutter

Nehmen Sie 250 g geröstete, ungesalzene Erdnüsse, eine Prise Salz und circa zwei Esslöffel Erdnussöl oder Sonnenblumenöl und zerkleinern Sie alles im Mixer, eventuell etwas mehr Öl hinzugeben, damit eine cremige Masse entsteht. In einem fest verschlossenen Behältnis hält die Erdnussbutter bis zu zwei Wochen im Kühlschrank.

Knuspermüsli

Dieses selbst gemachte Knuspermüsli hält sich in Schraubgläsern etwa zwei Wochen. Sie können es noch mit Schokolade anreichern und die Nuss-, Kern- oder Trockenfruchtanteile ganz nach Belieben variieren.

Auf dem Herd: 300 g Haferflocken, 50 g gehackte Nüsse, 50 g Kokosraspel, 50 g Kerne (Kürbis, Sonnenblume etc.), ½ Teelöffel Zimt und ein Teelöffel Vanillezucker mischen. Zwei Esslöffel Sonnenblumenöl mit vier Esslöffeln flüssigem Honig (oder Ahornsirup oder Agavendicksaft) in einer großen Pfanne bei mittlerer Hitze erhitzen, bis sich kleine Bläschen bilden. Dann die Müslimischung in die Pfanne geben und kräftig untermischen. Weiter rühren, bis es knusprig geröstet ist. Abkühlen lassen und 100 g Rosinen oder andere Trockenfrüchte unterheben.

Im Ofen: Den Ofen auf 180 °C vorheizen. Dem gemischten Müsli Honig und Öl hinzugeben und alles so lange rühren, bis es nicht mehr klumpt. Backpapier auf ein Blech legen und die Masse darauf verteilen. Etwa 20 Minuten backen, bis der gewünschte Knuspergrad erreicht ist. Dabei aufpassen, dass das Müsli nicht verbrennt. Abkühlen lassen und die Trockenfrüchte untermischen.

Kokosmilch

100 g Kokosraspel in einen hohen Rührbecher geben. 400 ml Wasser aufkochen, darübergießen und etwa zehn Minuten stehen lassen. Mit einem Stabmixer etwa fünf Minuten pürieren und durch ein feines Sieb geben. Die Rückstände im Sieb noch durch ein sauberes Küchentuch pressen. Die Kokosmilch in ein Schraubglas gießen. Sie ist bis zu einer Woche im Kühlschrank haltbar. Sollte sich bei Lagern eine Fettschicht absetzen, das Behältnis gut durchschütteln.

Amaranth- und Quinoa-Pops

Erhitzen Sie eine Pfanne ohne Fett mit geschlossenem Deckel, geben Sie die im Rezept angegebene Menge Körner auf den heißen Boden und nehmen Sie die Pfanne gleich von der Platte. Ein wenig rütteln und schon beginnen die Samen zu „poppen".

Smoothie Bowls mit Obst

Banane-Mango-Bowl

Für 1 Portion

1 Banane (Fruchtmenge ca. 120 g)
1 Mango
5 EL Schmelzflocken
1 EL Chiasamen
150 ml Kokosmilch

Vorschläge für das Topping

Obst nach Wahl
2 EL Schoko-Knuspermüsli (Rezept Seite 11)
2 EL gehackte Nüsse (z.B. Cashewnüsse, Pistazien)
1 EL Hanfsamen

1 Die Banane schälen und in Scheiben schneiden. Die Mango ebenfalls schälen und den Kern entfernen. Bananenscheiben und Mangofruchtfleisch in den Mixer geben. Schmelzflocken und Chiasamen zufügen und ca. 30 Sekunden pürieren.

2 Die Kokosmilch zufügen und mixen, bis die gewünschte Konsistenz erreicht ist.

3 Nach Geschmack süßen, nochmals kurz mixen und in einer Schale mit Toppings garniert servieren.

Nährwerte pro Portion: 430 kcal, F 9 g, KH 70 g, EW 11 g

Nehmen Sie statt der Schmelzflocken 3 EL Kokosraspel. Wer es kalt mag, kann die Mango tiefgekühlt einsetzen.

Hanfsamen sind kleine Kraftpakete voller Vitalstoffe, essentieller Aminosäuren und ungesättigter Fettsäuren. Sie schmecken nussig-süß.

Chiasamen haben ein gutes Quellvermögen. Zusammen mit den Schmelzflocken sorgen sie für die cremige Konsistenz.

Bananen-Kokos-Bowl

Für 1 Portion

50 g frische Kokosnuss
1½ Bananen (Fruchtmenge ca. 180 g)
100 ml Mandelmilch
100 ml Kokosmilch
¼ TL Vanille-Extrakt

Vorschläge für das Topping
Obst nach Wahl
1 EL gehackte Mandeln
1 EL Nuss-Knuspermüsli (Rezept Seite 11)
1 EL Kokosflocken

Wie die Banane oder die Avocado gehört die Kokosnuss zu den „vollständigen Lebensmitteln", von denen sich der Mensch mehrere Wochen allein ernähren könnte, ohne Mangel zu leiden.

1 Die Kokosnuss reiben oder raspeln und mit den Bananenscheiben in den Mixer geben. Mandelmilch und Kokosmilch zufügen und ca. 30 Sekunden mixen, bis die gewünschte cremige Konsistenz erreicht ist.

2 Vanille-Extrakt zufügen, nach Geschmack süßen und nochmals mixen, bis die gewünschte Konsistenz erreicht ist.

3 Den Smoothie in eine Schale gießen und mit Toppings garniert servieren.

Nährwerte pro Portion: 510 kcal, F 29 g, KH 50 g, EW 7 g

Tauschen Sie die Kokosraspel gegen gemahlene Mandeln, das macht die Konsistenz dicker und schmeckt auch sehr gut.

Erdbeer-Joghurt-Bowl

Für 1 Portion

200 g Erdbeeren
200 g Joghurt
1 EL Ahornsirup
1 EL Chiasamen
evtl. 1–2 EL flüssige Sahne

Vorschläge für das Topping
Obst nach Wahl
2 EL Cornflakes
1 EL gehackte Mandeln

Geben Sie zusätz-
lich eine Banane in
den Mixer, das macht
den Smoothie süßer
und gehaltvoller.

1 Erdbeeren und Joghurt in den Mixer
geben und ca. 30 Sekunden auf höchster
Stufe pürieren.

2 Ahornsirup und gelierte Chiasamen zufügen und nochmals auf höchster Stufe mixen,
bis die gewünschte Konsistenz erreicht ist.

3 Den Smoothie in eine Schale gießen,
eventuell mit Sahne beträufeln und mit
Toppings garniert servieren.

Nährwerte pro Portion: 391 kcal, F 15 g, KH 73 g, EW 12 g

Himbeer-Mandel-Bowl

Für 1 Portion

1 Banane (Fruchtmenge ca. 120 g)
125 g Himbeeren
125 ml Mandelmilch
1 EL Mandelmus (Rezept Seite 10)

Vorschläge für das Topping
Obst nach Wahl
1 EL gehackte Mandeln
1 EL geröstete Haferflocken
1 EL Chiasamen

1 Die Banane schälen und in Scheiben schneiden, mit Himbeeren und Mandelmilch in den Mixer geben und alles ca. 30 Sekunden auf höchster Stufe pürieren.

2 Das Mandelmus zufügen, nach Geschmack süßen und nochmals mixen, bis die gewünschte Konsistenz erreicht ist.

3 Den Smoothie in eine Schale gießen und mit Toppings garniert servieren.

Nährwerte pro Portion: 370 kcal, F 12 g, KH 45 g, EW 9 g

Banane und Himbeeren lieben Schokolade, streuen Sie daher auch mal 2 EL Schokotröpfchen auf die Smoothie Bowl.

Der tägliche Verzehr von Mandeln soll uns vor Diabetes und Herz-Kreislauf-Erkrankungen schützen und möglicherweise zu einer Verbesserung der Knochendichte führen.

Pfirsich-Beeren-Bowl

Für 1 Portion

1 ½ gelbe reife Pfirsiche (Fruchtmenge 160 g)
1 Banane (Fruchtmenge 120 g)
50 ml Orangensaft
125 g Beeren (Tk oder frisch)

Vorschläge für das Topping

Obst nach Wahl
1 EL gehackte Walnüsse

Walnüsse sollten Sie öfter naschen: Sie sind zum Beispiel reich an Zink, wichtig für Leber und Haare und an Kalium, das gut fürs Herz ist. Walnüsse enthalten Serotonin, das Herz-Kreislauf-Erkrankungen, aber auch Krebs vorbeugen kann und appetithemmend wirkt.

Geben Sie 4 EL Sahne mit in den Mixer, das macht den Smoothie noch sanfter und cremiger.

1 Die Pfirsiche waschen, trocken reiben, an der Naht rundherum einschneiden und die Hälften gegeneinander drehen. Den Kern entfernen und das Fruchtfleisch in Würfel schneiden. Die Würfel von ½ Pfirsich beiseite legen.

2 Die Banane schälen, in Scheiben schneiden und die Hälfte davon mit den Pfirsichwürfeln in den Mixer geben. Den Orangensaft dazu gießen und alles ca. 30 Sekunden auf höchster Stufe pürieren.

3 Die Beeren zufügen, nach Geschmack süßen und nochmals mixen, bis die gewünschte Konsistenz erreicht ist.

4 Den Smoothie in eine Schale gießen und mit Toppings garniert servieren.

Nährwerte pro Portion: 428 kcal, F 4 g, KH 82 g, EW 5 g

Birnen-Himbeer-Bowl

Für 1 Portion

2 reife Birnen (Fruchtmenge 200 g)
200 g Himbeeren
125 g griechischer Joghurt
1 EL Haselnussmus (Rezept Seite 10)

Vorschläge für das Topping
Obst nach Wahl
1 EL gehackte Haselnüsse
1 EL gehackte Schokolade
1 EL Chiasamen

Für original griechischen Joghurt, der auch Abtropfjoghurt genannt wird, braucht man für 1 kg Joghurt ca. 4 Liter Milch, bei normalem Joghurt ist es nur rund 1 Liter. Dadurch enthält griechischer Joghurt viel mehr Eiweiß, und das ist der Grund für die samtig-cremige, aber feste Konsistenz.

1 Die Birnen waschen und trocken reiben, längs vierteln und das Kerngehäuse entfernen. Die Birnenviertel in kleine Stücke schneiden und in den Mixer geben.

2 Himbeeren und Joghurt zugeben und alles ca. 30 Sekunden auf höchster Stufe pürieren.

3 Das Haselnussmus zufügen, nach Geschmack süßen und nochmals mixen, bis die gewünschte Konsistenz erreicht ist.

4 Den Smoothie in eine Schale gießen, mit Toppings garnieren und servieren.

Damit der Smoothie etwas dickflüssiger wird, geben Sie noch 2 EL Schmelzflocken und 1 EL Chiasamen dazu.

Nährwerte pro Portion: 490 kcal, F 16 g, KH, 68 g, EW 11 g

Haselnüsse sind nicht umsonst Bestandteil von Studentenfutter. Aufgrund ihres hohen Lezithin-Gehaltes wirken sie positiv auf Nerven und Gedächtnis. Sie bringen die Verdauung in Schwung und der hohe Vitamin E-Gehalt schützt die Zellen vor der Schädigung durch freie Radikale.

Apfel-Trauben-Mandel-Bowl

Für 1 Portion

10 kernlose Weintrauben (65 g)
125 g Apfelmus
200 ml Vanillejoghurt
1 EL geriebene Mandeln
1 EL Mandelmus (Rezept auf Seite 10)
1 TL Zimt

Vorschläge für das Topping

Obst nach Wahl
1 EL Knuspermüsli (Rezept Seite 11)
1 EL Sultaninen
2 EL gehackte Pistazien

1 Die Trauben waschen, trocken tupfen und halbieren, 10 Hälften fürs Topping beiseitelegen. Trauben und Apfelmus in den Mixer geben, den Vanillejoghurt dazugeben und alles ca. 30 Sekunden auf höchster Stufe pürieren

2 Mandeln und Mandelmus zufügen, eventuell nachsüßen und nochmals mixen, bis die gewünschte Konsistenz erreicht ist.

3 Den Smoothie in eine Schale gießen und mit Toppings garniert servieren.

Nährwerte pro Portion: 400 kcal, F 27 g, KH 49 g, EW 19 g

Nehmen Sie im Sommer statt der Trauben dunkle Kirschen oder 100 g Stachelbeeren.

Zimt wird in der traditionellen chinesischen Medizin bei Anspannung und Kreislaufschwäche eingesetzt. In der Aromatherapie wird er wegen seiner wärmenden, stärkenden und Kreativität anregenden Wirkung genommen.

Bananen-Nuss-Bowl

Für 1 Portion

1½ Bananen (Fruchtmenge ca. 180 g)
2 EL Nuss-Nougat-Creme (z.B. Nutella)
125 ml Mandel- oder Kokosmilch

Vorschläge für das Topping
Obst nach Wahl
1 EL gehackte Haselnüsse
3 EL Kokosraspeln
1 EL Knuspermüsli (Rezept Seite 11)

1 Die Bananen schälen, in Scheiben schneiden, einige Scheiben fürs Topping beiseitelegen und den Rest in den Mixer geben. Nougatcreme und Mandelmilch zufügen und alles ca. 30 Sekunden auf höchster Stufe pürieren

2 Nach Geschmack süßen und nochmals mixen, bis die gewünschte Konsistenz erreicht ist.

3 Den Smoothie in eine Schale gießen, mit Toppings garnieren und servieren.

Nährwerte pro Portion: 312 kcal, F 8 g, KH 52 g, EW 10 g

Hafer gilt wegen seines hohen Eiweißgehalts von rund 12 % als sehr gesundes und wertvolles Getreide. Zudem sich dieser Eiweißanteil überwiegend aus essentiellen Aminosäuren zusammensetzt, also Proteinbausteinen, die der Körper nicht selber aufbauen kann.

Mango-Papaya-Bowl

Für 1 Portion

1 Mango
1 Papaya (Fruchtmenge ca. 100 g)
1 Banane (Fruchtmenge ca. 120 g)
100 ml Kokosmilch
1 EL getrocknete Gojibeeren
Saft von 1 Limette

Vorschläge für das Topping
Obst nach Wahl
2 EL Kokosraspel
1 EL gehackte Cashewnüsse

Nehmen Sie statt der Papaya Ananas und lassen Sie den Limettensaft weg, da die Ananas genügend Fruchtsäure hat.

Gojibeeren enthalten viel Vitamin C, B und E, außerdem Aminosäuren, Spurenelemente und Antioxidantien. Sie wirken positiv auf die Zellproduktion und werden daher auch als Anti-Aging-Mittel empfohlen.

1 Die Mango waschen, schälen, den Kern entfernen, das Fruchtfleisch in Würfel schneiden, einige Würfel für das Topping beiseitelegen. Die Papaya waschen, halbieren und mit einem Teelöffel die schwarzen Kerne entfernen. Das Fruchtfleisch mit dem Löffel aus der Schale lösen. Die Banane schälen und in Scheiben schneiden. Die Früchte im Mixer ca. 30 Sekunden auf höchster Stufe pürieren.

2 Kokosmilch, Gojibeeren und Limettensaft dazugeben, nach Geschmack süßen und nochmals mixen bis die gewünschte Konsistenz erreicht ist.

3 Den Smoothie in eine Schale gießen, mit Toppings garnieren und mit einem Löffel servieren.

Nährwerte pro Portion: 430 kcal, F 9 g, KH 70 g, EW 11 g

Banane-Papaya-Bowl

Für 1 Portion

1 Banane (Fruchtmenge ca. 120 g)
1 Papaya (Fruchtmenge ca. 100 g)
200 g Ananas
100 ml Mandelmilch
1 EL Mandelmus (Rezept Seite 10)

Vorschläge für das Topping

Obst nach Wahl
2 EL Amaranth-Pops
1 EL Chiasamen
1 EL Kokosraspeln
1 EL gehackte Datteln

Sie können auch noch 1 TL Kurkuma mit einmixen. Das färbt den Smoothie wunderbar gelb und es soll die Ablagerungen im Gehirn verhindern, die für Alzheimer verantwortlich gemacht werden. Zudem soll Kurkuma krebshemmende Eigenschaften besitzen.

1 Die Banane schälen und in Scheiben schneiden. Die Papaya waschen, halbieren und mit einem Teelöffel die schwarzen Kerne entfernen. Das Fruchtfleisch mit dem Löffel aus der Schale lösen, mit Mandelmilch, Ananasstücken und Bananenscheiben in den Mixer geben. Alles ca. 30 Sekunden auf höchster Stufe pürieren.

2 Das Mandelmus zufügen, nach Geschmack süßen und nochmals mixen, bis die gewünschte Konsistenz erreicht ist.

3 Den Smoothie in eine Schale gießen und mit den Toppings garniert servieren.

Nährwerte pro Portion: 415 kcal, KH 57 g, F 18 g, EW 7 g

Ananas besticht durch einen hohen Anteil an Enzymen: Bromelin, Amylase, Perodixase und Invertase unterstützen die Eiweißverdauung und regen die Fettverbrennung an.

Achten Sie beim Kauf einer Papaya darauf, dass die Schale bereits gelb ist und auf leichten Fingerdruck etwas nachgibt. Denn nur reife Früchte schmecken mild und süß, unreifes Fruchtfleisch hat einen herben Geschmack. Papayas reifen nach der Ernte kaum noch nach.

Erdbeer-Kirsch-Kokosnuss-Bowl

Für 1 Portion

125 g Kirschen
125 g Erdbeeren
100 ml Kokos- oder Mandelmilch
2 EL Kokoscreme oder Mandelmus
½ TL Zimt
¼ TL Kurkuma

Vorschläge für das Topping
Obst nach Wahl
1 EL geröstete Kokosraspeln

Es konnte nachgewiesen werden, dass bei einer Einnahme von 1 g Zimt (½ TL) pro Tag der Blutzuckerspiegel sank. Man geht davon aus, dass Zimt die Insulinwirkung in den Zellen verbessert und so die Blutzuckerregulation optimiert. Außerdem wurden auch die Blutfettwerte durch Zimt deutlich gesenkt.

1 Kirschen, Erdbeeren und Kokosmilch in den Mixer geben. Alles ca. 30 Sekunden auf höchster Stufe pürieren.

2 Kokoscreme und Gewürze zufügen, nach Geschmack süßen und nochmals mixen, bis die gewünschte Konsistenz erreicht ist.

3 Den Smoothie in eine Schale gießen, mit den Toppings garniert servieren.

Nährwerte pro Portion: 371 kcal, F 3 g, KH 65 g, EW 7 g

Ananas-Beeren-Bowl

Für 1 Portion

½ Ananas (Fruchtmenge ca. 200 g)
100 g Himbeeren
100 g Erdbeeren
125 ml Vanillejoghurt
1 EL Mandelmus

Vorschläge für das Topping

Obst nach Wahl
1 EL geschroteter Leinsamen
1 EL Chiasamen
1 EL gehackte Mandeln
1 EL Knuspermüsli (Rezept auf Seite 11)

1 Die Enden der Ananas ca. 2 cm breit abschneiden. Die Frucht auf eine Schnittstelle stellen und die Schale längs wegschneiden. Die Ananas längs vierteln und den holzigen Strunk in der Mitte entfernen Die Frucht in kleine Stücke schneiden und in den Mixer geben.

2 Beeren, Joghurt und Mandelmus zufügen und alles ca. 30 Sekunden auf höchster Stufe pürieren.

3 Den Smoothie in eine Schale gießen und mit Toppings garniert servieren.

Nährwerte pro Portion: 417 kcal, F 11 g, KH, 79 g, EW, 13 g

Leinsamen enthält Schleimstoffe, die im Darm aufquellen und dadurch die Verdauung anregen.

Die Ananas steckt voller A-, B- und C-Vitamine. Sie stärkt das Immunsystem, senkt den Blutdruck, hebt die Laune und verbessert die Verdauung.

Melone-Himbeer-Bowl

Für 1 Portion

250 g Cantaloup-Melone
125 g Himbeeren
100 g Mandelmilch
1 EL Kokoscreme
2 EL getrocknete Maulbeeren

Vorschläge für das Topping
Obst nach Wahl
1 EL gehackte Mandeln
1 EL Chiasamen
2 EL Rice Crispies

Maulbeeren enthalten viele Vitamine, Ballaststoffe, Mineralien und Antioxidantien. Wegen ihrer entzündungshemmenden und antibakteriellen Wirkung werden sie schon seit Jahrtausenden in der chinesischen Medizin eingesetzt. Sie sorgen für ein gesundes Herz-Kreislauf-System und unterstützen die Zellerneuerung.

1 Die Melone halbieren, die Kerne mit einem Löffel entfernen, das Fleisch herauslösen und in Stücke schneiden. 3 EL davon würfeln und für das Topping beiseitelegen.

2 Die restliche Melone, Himbeeren und Mandelmilch in den Mixer geben und alles ca. 30 Sekunden auf höchster Stufe pürieren.

3 Kokoscreme und Maulbeeren zufügen, nach Geschmack süßen und nochmals mixen, bis die gewünschte Konsistenz erreicht ist.

4 Den Smoothie in eine Schale gießen und mit Toppings servieren.

Nährwerte pro Portion: 370 kcal, F 13 g, KH 62 g, EW 3 g

Statt der Him-
beeren können Sie
auch Erdbeeren oder
Kirschen nehmen.

Blaubeer-Bananen-Bowl

Für 1 Portion

1 Banane (Fruchtmenge ca. 120 g)
200 g Blaubeeren
125 g Vanillejoghurt
1 TL Zimt
evtl. 1–2 TL gehackter Ingwer

Vorschläge für das Topping
1 EL getrocknete Maulbeeren
2 EL getrocknete Cranberries
1 EL gehackte Walnüsse
1 EL Hanfsamen
1 EL Amaranth-Pops

1 Die Banane schälen und in Scheiben schneiden. Mit den Blaubeeren und dem Joghurt in den Mixer geben. Alles ca. 30 Sekunden auf höchster Stufe pürieren.

2 Den Zimt zufügen, nach Geschmack süßen und nochmals mixen, bis die gewünschte Konsistenz erreicht ist.

3 Den Smoothie in eine Schale gießen und mit Toppings servieren.

Nährwerte pro Portion: 273 kcal, F 2 g, KH 55 g, EW 5 g

Cranberries sollen antibakteriell wirksam sein und harntreibend wirken. In der Naturheilkunde werden sie daher bei Harnwegsinfekten empfohlen.

Mango-Pfirsich-Bowl

Für 1 Portion

2 Pfirsiche (Fruchtmenge ca. 240 g)
1 Mango (Fruchtmenge ca. 200 g)
50 ml Maracujasaft
1 EL Chiasamen
100 g Vanillejoghurt

Vorschläge für das Topping
Obst nach Wahl
1 EL Honig
1 EL gehackte Haselnüsse
1 EL Hanfsamen

Wenn Sie an heißen Sommertagen eine eiskalte Erfrischung brauchen, nehmen Sie tiefgefrorenes Obst oder tiefgefrorenen Saft für die Smoothie Bowl.

1 Die Pfirsiche waschen und trocken reiben. Die Früchte an der Naht rundherum einschneiden und die Hälften gegeneinander drehen. Den Kern entfernen und das Fruchtfleisch in Würfel schneiden, etwas davon für das Topping beiseitelegen.

2 Das Mango- und Pfirsichfruchtfleisch in den Mixer geben, den Maracujasaft zugießen und alles ca. 30 Sekunden pürieren. Chiasamen und Joghurt zufügen, nach Geschmack süßen und nochmals mixen, bis die gewünschte Konsistenz erreicht ist.

3 Den Smoothie in eine Schale gießen und mit Toppings servieren.

Nährwerte pro Portion: 380 kcal, F 12 g, KH 49 g, EW 14 g

Erdbeer-Bananen-Bowl

Für 1 Portion

2 Bananen (Fruchtmenge ca. 240 g)
125 g Erdbeeren
125 ml griechischer Joghurt
2 EL Erdnussbutter

Vorschläge für das Topping
Obst nach Wahl
1 EL Schoko-Chips
1 EL gehackte Erdnüsse
1 EL Amaranth-Pops

Erdnüsse sind reich an Tryptophan, das beruhigend wirkt und für einen guten Schlaf sorgt. Der Gehalt an ungesättigter Linolsäure ist wichtig für eine weiche, gesunde Haut.

1 Die Bananen schälen und in Scheiben schneiden, einige Scheiben für das Topping beiseitelegen. Bananen, Erdbeeren und Joghurt in den Mixer geben und ca. 30 Sekunden auf höchster Stufe pürieren.

2 Die Erdnussbutter zufügen und nochmals mixen, bis die gewünschte Konsistenz erreicht ist.

3 Den Smoothie in eine Schale gießen und mit Toppings servieren.

Die Erdnussbutter können Sie auch gegen Mandel- oder Haselnussmus austauschen.

Nährwerte pro Portion: 506 kcal, F 12 g, KH 73 g, EW 12 g

Himbeer-Pitaya-Banane-Bowl

Für 1 Portion

1 Banane (Fruchtmenge ca. 120 g)
1 rotfleischige Pitaya
125 g Himbeeren
100 g Seidentofu
100 ml Kokosmilch
1 EL Kokosraspel

Vorschläge für das Topping

Obst nach Wahl
2 EL Kokos-Knuspermüsli (Rezept Seite 11)
2 EL gehackte Cashewnüsse

Himbeeren enthalten Antioxidantien, die freie Radikale abfangen und so vor Krebs schützen können.

1 Die Banane schälen und in Scheiben schneiden. Die Hälfte davon für das Topping beiseitelegen. Die Pitaya halbieren und das Fruchtfleisch herauslöffeln. Banane, Pitaya, Himbeeren und Seidentofu in den Mixer geben und alles ca. 30 Sekunden auf höchster Stufe pürieren.

2 Kokosmilch und Kokosraspel zufügen, nach Geschmack süßen und nochmals mixen, bis die gewünschte Konsistenz erreicht ist.

3 Den Smoothie in eine Schale gießen und mit Toppings servieren.

Rotfleischige Pitayas sind zwar wunderbare Früchte mit einem lieblichen Geschmack und einer fantastischen Farbe, aber nicht leicht zu bekommen. Notfalls tauschen Sie sie gegen Erdbeeren aus.

Nährwerte pro Portion: 446 kcal, F 2 g, KH 23 g, EW 12 g

Smoothie Bowls mit Salat und Gemüse

Spinat-Avocado-Bowl mit Erdbeeren

Für 1 Portion

40 g Babyspinat
40 g junger Grünkohl
½ Avocado (Fruchtmenge ca. 50 g)
1 Banane (Fruchtmenge ca. 120 g)
125 g Erdbeeren
2 EL Mandelmus (Rezept Seite 10)
125 ml Mandelmilch

Vorschläge für das Topping
Obst nach Wahl
2 EL geröstete Sonnenblumenkerne
2 EL Quinoa-Pops
2 EL Kokosraspeln

Grünkohl zählt zu den nährstoffreichsten Gemüsesorten überhaupt: Vor allem Vitamin K, verschiedene B-Vitamine, Vitamin E sowie Provitamin A sind in größeren Mengen vorhanden. Zudem enthält er Stoffe, die das Risiko einer Krebserkrankung verringern sollen.

Wem der Smoothie zu kalorienreich ist, lässt das Mandelmus weg und spart somit 190 kcal.

1 Babyspinat und Grünkohl waschen und abtropfen lassen. Gegebenenfalls harte Rippen des Grünkohls wegschneiden.

2 Die Avocado längs rundherum einschneiden und die beiden Hälften gegeneinander drehen. Mit einem Teelöffel das Avocadofleisch aus einer Fruchtschale herauslösen (die zweite Hälfte in Folie verpackt hält sich einen Tag im Kühlschrank) und mit Babyspinat und Grünkohl in den Mixer geben.

3 Die Banane schälen, in Scheiben schneiden und mit Erdbeeren, Mandelmus und Mandelmilch ebenfalls in den Mixer geben und alles auf höchster Stufe mixen, bis die gewünschte Konsistenz erreicht ist.

4 Den Smoothie eventuell süßen und in einer Schale mit Toppings servieren.

Nährwerte pro Portion: 525 kcal, F 34 g, KH 70 g, EW 12 g

Sonnenblumenkerne enthalten mehr Eiweiß als die meisten Fisch- und Fleischarten. Zudem sind sie reich an Folsäure und Vitamin B – also optimal für Schwangere.

Zucchini-Beeren-Feigen-Bowl

Für 1 Portion

1 Zucchini (ca. 160 g Fruchtfleisch)
75 g Blaubeeren
150 g Himbeeren
100 g frische Feigen
2 EL Schmelzflocken
1 Prise Meersalz
¼ TL Zimt
2 EL Mandelmus (Rezept Seite 10)
150 ml Buttermilch

Vorschläge für das Topping

Obst nach Wahl
2 EL geröstete Kürbiskerne
2 EL gehackte Schokolade oder Schokotröpfchen

Tauschen Sie die Schmelzflocken gegen 2 EL Kokosflocken und das Mandelmus gegen 1 EL Kokosöl aus.

Frische Feigen enthalten bioaktive Substanzen, Vitamine und Mineralstoffe und durch den Botenstoff Serotonin sorgen sie für gute Laune.

1 Die Zucchini waschen, trocken tupfen, schälen (optional) und in Scheiben schneiden. Mit den Beeren in den Mixer geben.

2 Die Feigen waschen, trocken tupfen und zufügen. Dann Schmelzflocken, Salz und Zimt einstreuen und mixen. Mandelmus und Buttermilch zufügen und nochmals mixen, bis die gewünschte Konsistenz erreicht ist.

3 Den Smoothie in zwei Schalen geben und mit Toppings garniert servieren.

Nährwerte pro Portion: 530 kcal, F 22 g, KH 68 g, EW 18 g

Babyspinat-Limetten-Bowl

Für 1 Portion

40 g Babyspinat
1½ Bananen (Fruchtmenge ca. 180 g)
1 Avocado (Fruchtmenge ca. 100 g)
Schale und Saft von 2 Bio-Limetten
1 EL Matchatee-Pulver
2 EL Ahornsirup

Vorschläge für das Topping
Obst nach Wahl
1–2 EL Knuspermüsli (Rezept Seite 11)
1–2 EL Kokosflocken

1 Den Spinat waschen und abtropfen lassen. Die Bananen schälen und in Scheiben schneiden, ein paar Scheiben für das Topping beiseitelegen. Die Avocado längs rundherum einschneiden und die Hälften gegeneinander drehen.

2 Mit einem Teelöffel das Avocadofleisch aus einer Fruchtschale herauslösen und mit Babyspinat und Bananenscheiben in den Mixer geben. Limettensaft und -schale zufügen und ca. 30 Sekunden auf höchster Stufe pürieren.

3 Matchatee und Ahornsirup zufügen und nochmals mixen, bis die gewünschte cremige Konsistenz erreicht ist.

Matchatee enthält wie andere grüne Tees Stoffe, die die Entstehung und das Wachstum von Tumoren verhindern, Arteriosklerose entgegenwirken und das Voranschreiten von Alzheimer und Parkinson verlangsamen sollen.

4 Den Smoothie in eine Schale gießen und mit Toppings servieren.

Nährwerte pro Portion: 360 kcal, F 13 g, KH 147 g, EW 4 g

Beeren-Spinat-Ananas-Bowl

Für 1 Portion

40 g Babyspinat
½ Avocado (Fruchtmenge
ca. 50 g)
150 g Blaubeeren
100 g Ananas
50 ml Ananassaft
125 g griechischer Joghurt
1 TL Weizengraspulver

Vorschläge für das Topping
Obst nach Wahl
2 EL Rice Krispies
2 EL Kürbissamen
1 EL Leinsamen

1 Den Spinat waschen und abtropfen lassen. Die Avocado längs rundherum einschneiden und die Hälften gegeneinander drehen.

2 Mit einem Teelöffel das Avocadofleisch aus einer Fruchtschale herauslösen (die zweite Hälfte in Folie verpackt hält sich einen Tag im Kühlschrank), mit Spinat, Blaubeeren, Ananas-stücken und -saft in den Mixer geben und ca. 30 Sekunden auf höchster Stufe pürieren.

3 Joghurt und Weizengraspulver zufügen, eventuell süßen und nochmals mixen, bis die gewünschte Konsistenz erreicht ist.

Weizengraspulver enthält über 90 Mineral-stoffe und Spurenelemente sowie alle Vitamine und Aminosäuren, ist außerdem reich an Chlorophyll und Enzymen. Es soll die Zähne ge-sund erhalten, das Hautbild verbessern sowie das Haar kräftigen und außer-dem entgiftend, entzündungs-hemmend und blutdruck-senkend wirken.

4 Den Smoothie in eine Schale gießen und mit Toppings garnieren.

Nährwerte pro Portion: 412 kcal, F 19 g, KH 50 g, EW 7 g

Bananen-Karotten-Bowl

Für 1 Portion

1½ Bananen (Fruchtmenge ca.180 g)
100 ml Karottensaft
2 EL geriebene Mandeln
200 g Seidentofu
½ TL Zimt
¼ TL Vanille-Extrakt

Vorschläge für das Topping

1 EL Chiasamen
2 EL gehackte Walnüsse
1 frische Dattel
2 EL geröstete Haferflocken
1 TL Schale 1 Bio-Orange

Seidentofu hat im Vergleich zu anderen frischen Tofuvarianten einen sehr hohen Wassergehalt und ist daher besonders kalorienarm. Er ist eine wirklich gute Proteinquelle mit hoher Proteinqualität, da er alle essentiellen Aminosäuren enthält. Seine samtige Struktur ist optimal für Smoothies und Smoothie Bowls.

1 Die Bananen schälen, in Scheiben schneiden und mit dem Karottensaft in den Mixer geben, ca. 30 Sekunden auf höchster Stufe mixen.

2 Mandeln, Tofu, Zimt und Vanille-Extrakt zufügen und nochmals mixen, bis die gewünschte Konsistenz erreicht ist.

3 Den Smoothie in eine Schale gießen und mit Toppings garniert servieren.

Die hohe Kalorienzahl ergibt sich aus den Mandeln (205 kcal), wer abnehmen will, lässt sie weg.

Nährwerte pro Portion: 600 kcal, F 45 g, KH 50 g, EW 28 g

Grüner Super-Smoothie

Für 1 Portion

40 g Brunnenkresse oder Babyspinat
40 g junger Grünkohl
1 kleine Stange Sellerie (Fruchtmenge 40 g)
½ Apfel (Fruchtmenge ca. 75 g)
1½ Bananen (ca. Fruchtmenge 180 g)
50 ml Apfelsaft
etwas Zitronensaft
1 Prise Cayennepfeffer
½ TL Zimt
½ TL Kurkuma

Vorschläge für das Topping
Obst nach Wahl
1 EL Quinoapops
1 EL Chiasamen
1 EL getrocknete Cranberries

Die ätherischen Öle des Selleries geben nicht nur den Geschmack, sondern wirken blutdrucksenkend und harntreibend.

Der Apfelsaft kann gegen einen anderen Fruchtsaft ausgetauscht werden.

1 Kresse und Grünkohl waschen und abtropfen lassen. Gegebenenfalls die harten Rippen des Grünkohls wegschneiden. Den Stangensellerie waschen, trocken tupfen und in Scheiben schneiden. Den Apfel waschen, das Kerngehäuse entfernen und den Apfel in kleine Stücke schneiden, einige Würfel für das Topping beiseitelegen. Alles in den Mixer geben.

2 Die Bananen schälen, in Scheiben schneiden, einige Scheiben für das Topping beiseitelegen und ebenfalls in den Mixer geben, alles ca. 30 Sekunden mixen.

3 Apfelsaft zufügen, mit Zitronensaft abschmecken, eventuell süßen und nochmals mixen, bis die gewünschte Konsistenz erreicht ist. Den Smoothie in eine Schale gießen, mit Toppings garniert servieren.

Nährwerte pro Portion: 320 kcal, F 1 g, KH 57 g, EW 5 g

Avocado-Mango-Bowl

Für 1 Portion

½ Avocado (Fruchtmenge ca. 50 g)
40 g Babyspinat
1 Mango (ca. 200 g Fruchtfleisch)
125 ml Kokomilch
1 EL gehackter Ingwer
1 EL Mandelmus

Vorschläge für das Topping

Obst nach Wahl
2 EL Kokos-Knuspermüsli (Rezept Seite 11)
2 EL gehackte Mandeln
1 EL Kokosflocken
1 EL Chiasamen

Ingwer hat anti-bakterielle und entzündungshemmende Wirkung und regt die Durchblutung an. Das hilft, um Erkältungskrankheiten zu vermeiden.

Sie können den Spinat immer durch Brunnenkresse, Mangold oder Grünkohl ersetzen.

1 Die Avocado längs rundherum einschneiden und die Hälften gegeneinander drehen. Mit einem Teelöffel das Avocadofleisch aus einer Hälfte herauslösen (in Folie verpackt hält sich die zweite Hälfte einen Tag im Kühlschrank). Den Spinat waschen und trocken tupfen.

2 Die Mango waschen, schälen und das Fruchtfleisch mit Avocado und Spinat in den Mixer geben, die Kokosmilch zufügen und alles ca. 30 Sekunden auf höchster Stufe pürieren.

3 Ingwer und Mandelmus zufügen, eventuell süßen und nochmals mixen, bis die gewünschte Konsistenz erreicht ist. Den Smoothie in eine Schale gießen und mit Toppings garniert servieren.

Nährwerte pro Portion: 300 kcal, F 14 g, KH 34 g, EW 4 g

Avocados, die zu den Beeren gehören, enthalten Vitamin C, Phosphor, Kalzium sowie Eisen und viel Fett. Da es sich aber größtenteils um ungesättigte Fettsäuren handelt, gehört die Avocado zu den gesunden und wertvollen Lebensmitteln.

Rote Bete-Bowl

Für 1 Portion

1 gekochte rote Bete (Gemüsemenge ca. 80 g)
½ Avocado (Fruchtmenge ca. 60 g)
40 g Babyspinat
2 frische Datteln
100 g Blaubeeren
100 g Himbeeren
100 ml Mandelmilch
1 EL Chiasamen
½ TL Zimt
1 TL Vanille-Extrakt

Vorschläge für das Topping

Obst nach Wahl
1 EL Mandelblättchen
1 EL Knuspermüsli (Rezept Seite 11)
1 EL Honig
1 EL getrocknete Cranberries

Die in der roten Bete enthaltenen Inhaltsstoffe Vitamin-B, Folsäure und Eisen sind maßgeblich daran beteiligt, dass dieses Gemüse für seine Blut bildenden Eigenschaften bekannt ist.

1 Die rote Bete in Würfel schneiden (Handschuhe nicht vergessen, rote Bete färbt gnadenlos) und gleich in den Mixer geben. Die Avocado längs rundherum einschneiden und die Hälften gegeneinander drehen. Mit einem Teelöffel das Avocadofleisch aus einer Hälfte herauslösen (die zweite Hälfte in Folie verpackt hält sich einen Tag im Kühlschrank).

2 Den Spinat waschen, trocken tupfen und mit Avocado ebenfalls in den Mixer geben. Die Datteln entkernen und mit Beeren und Mandelmilch zufügen und alles ca. 30 Sekunden auf höchster Stufe pürieren.

3 Chiasamen, Zimt und Vanille-Extrakt dazugeben, gegebenenfalls süßen und nochmals mixen, bis die gewünschte Konsistenz erreicht ist.

4 Den Smoothie mit Toppings garniert servieren.

Nährwerte pro Portion: 315 kcal, F 5 g, KH 45 g, EW 5 g

Salat-Kokos-Bowl

Für 1 Portion

1 Banane (Fruchtmenge ca. 120 g)
40 g Eichblattsalat, Feldsalat oder Babyspinat
100 ml Kokosmilch
3 EL Kokosraspel
1 EL Kokoscreme

Vorschläge für das Topping
Obst nach Wahl
1 EL Chiasamen
2 EL Knuspermüsli mit Kokos
1 EL gehackte Cashewnüsse

Cashewnüsse sind eine gute Quelle für Magnesium, das zum Beispiel für die Energiegewinnung sowie für die Muskelbewegung von Bedeutung ist. Daneben wird ihnen eine krebsvorbeugende Wirkung nachgesagt.

1 Die Banane schälen und in Scheiben schneiden. Den Salat waschen und trocken tupfen. Beides in den Mixer geben und die Kokosmilch zugießen. Alles ca. 30 Sekunden auf höchster Stufe pürieren.

2 Kokosraspel und -creme zufügen, eventuell süßen und nochmals mixen, bis die gewünschte Konsistenz erreicht ist.

3 Den Smoothie mit Toppings garniert servieren.

Eichblattsalat schmeckt angenehm nussig und herzhafter als Kopfsalat, aber milder als Endivien. Seinen Namen hat er von der Form der Blätter, die denen der amerikanischen Eiche ähneln.

Nährwerte pro Portion: 585 kcal, F 50 g, KH 7 g, EW 3 g

Kresse-Pfirsich-Bowl

Für 1 Portion

40 g Salat
40 g Kresse
½ Avocado (Fruchtmenge ca. 50 g)
50 ml Mandelmilch
25 g Rosinen
2 Pfirsiche oder Nektarinen (ca. 200 g Fruchtfleisch)
½ TL Vanille-Extrakt

Vorschläge für das Topping
Obst nach Wahl
1 EL gehackte Erdnüsse
2 EL Früchte-Müsli
1 EL Leinsamen
1 EL Rosinen oder getrocknete Gojibeeren

1 Salat und Kresse waschen und abtropfen lassen. Die Avocado längs rundherum einschneiden und die beiden Hälften gegeneinander drehen.

2 Mit einem Teelöffel das Avocadofleisch aus einer Hälfte herauslösen (die zweite Hälfte in Folie verpackt hält sich einen Tag im Kühlschrank) und mit Salat und Kresse in den Mixer geben. Die Mandelmilch zufügen und alles 30 Sekunden auf höchster Stufe mixen.

3 Die Pfirsiche waschen und schälen. Rosinen, Pfirsichfleisch und Vanille-Extrakt zufügen und nochmals mixen, bis die gewünschte Konsistenz erreicht ist.

Der regelmäßige Verzehr von Kresse hemmt die übermäßige Blutgerinnung, so dass Thrombosen und Embolien verhindert werden. Dadurch reduziert Kresse auch das Risiko für Infarkte und Schlaganfälle.

4 Den Smoothie mit Toppings bestreut servieren.

Nährwerte pro Portion: 305 kcal, F 11 g, KH 45 g, EW 7 g

Banane-Zucchini-Bowl

Für 1 Portion

1 Zucchini (Fruchtmenge ca. 160 g)
1 Banane (Fruchtmenge ca. 120 g)
100 ml Orangensaft
1 EL Mandelmus
1 Prise Meersalz
½ TL Kurkuma

Vorschläge für das Topping
Obst nach Wahl
1 EL gehackte Mandeln
1 EL Chiasamen

Kurkuma wirkt entkrampfend auf Magen und Darm, steigert die Produktion der Galle und erleichtert somit die Verdauung von Speisen.

1 Die Zucchini waschen, trocken tupfen, schälen (optional) und in Scheiben schneiden. Die Banane schälen und in Scheiben schneiden. Mit Orangensaft und Mandelmus in den Mixer geben und 30 Sekunden pürieren.

2 Salz und Kurkuma zufügen, eventuell süßen und nochmals mixen, bis die gewünschte Konsistenz erreicht ist.

3 Den Smoothie in einer Schale mit Toppings garniert servieren.

Tauschen Sie den Orangensaft gegen Ananassaft, Apfelsaft oder Maracujasaft aus, das gibt der Smoothie-Bowl immer wieder einen anderen Kick.

Nährwerte pro Portion: 268 kcal, F 12 g, KH 44 g, EW 10 g

Beeren-Kokos-Zucchini-Bowl

Für 1 Portion

1 Zuchini (Fruchtmenge ca. 160 g)
1 Banane (Fruchtmenge ca. 60 g)
100 g Blaubeeren
100 g Brombeeren
50 ml Kokosmilch
2 EL getrocknete Gojibeeren
2 EL getrocknete Maulbeeren

Vorschläge für das Topping

Obst nach Wahl
2 EL Kokosflocken
2 EL Kokosmüsli
1 EL gehackte Erdnüsse

1 Die Zucchini waschen, trocken tupfen, schälen (optional) und in Scheiben schneiden. Die Banane schälen, in Scheiben schneiden, die Hälfte fürs Topping beiseitelegen. Zucchini, Banane und Beeren in den Mixer geben, Kokosmilch dazugießen und alles 30 Sekunden pürieren.

2 Goji- und Maulbeeren zufügen, eventuell süßen und nochmals mixen, bis die gewünschte Konsistenz erreicht ist.

3 Den Smoothie in eine Schale gießen und mit Toppings garniert servieren.

Nährwerte pro Portion: 360 kcal, F 5 g, KH 57 g, EW 7 g

Ähnlich wie Himbeeren haben Maulbeeren ein lieblich-süßes Aroma, wer das mag, kann auch mehr Maulbeeren in den Mixer geben.

Brombeeren sind kleine Vitaminbomben. Ihr Gehalt an Provitamin A gehört zu den höchsten unter den Beerenfrüchten. Der Körper wandelt den Stoff in Vitamin A um, das unter anderem wichtig ist für den Sehprozess. Die Vitamine C und E wirken zellschützend und die Vitamine der B-Gruppe sind an vielen Stoffwechselfunktionen beteiligt.

Rote Paprika-Bowl

Für 1 Portion

1 rote Paprikaschote (ca. 120 g)
200 g Himbeeren
150 g Vanillejoghurt
2 EL gemahlene Mandeln

Vorschläge für das Topping
Obst nach Wahl
1 EL Chiasamen
2 EL Früchtemüsli
1 EL gehackte Pistazien

Die Flavonoide und Carotine in Paprika haben eine antioxidative Wirkung. Sie wirken als Radikalfänger und reduzieren so unter anderem das Risiko einer Herz-Kreislauf-Erkrankung.

1 Die Paprika waschen, trocken reiben und halbieren. Den Strunk und die weißen Samenstränge entfernen. Die Paprika in kleine Stücke schneiden.

2 Himbeeren und Paprikawürfel in den Mixer geben und 30 Sekunden auf höchster Stufe pürieren. Joghurt und Mandeln zufügen, eventuell süßen und nochmals mixen, bis die gewünschte Konsistenz erreicht ist.

3 Den Smoothie in eine Schale gießen, mit Toppings garnieren und servieren.

Nährwerte pro Portion: 500 kcal, F 31 g, KH 56 g, EW 10 g

Ananas-Grünkohl-Bowl

Für 1 Portion

40 g junger Grünkohl
½ Mango
½ Banane (Fruchtmenge ca. 60 g)
200 g Ananas
50 ml Kokosmilch

Vorschläge für das Topping
Obst nach Wahl
2 EL Früchte-Knuspermüsli (Rezept Seite 11)
1 EL getrocknete Gojibeeren

Sie können auch noch 1 EL Gojibeeren in den Mixer geben.

Mit seinem hohen Gehalt an Omega-3-Fettsäuren beugt Grünkohl Herzerkrankungen und Entzündungen vor.

1 Den Grünkohl waschen und abtropfen lassen, die harten Rippen gegebenenfalls wegschneiden. Die Mango waschen, trocken reiben, schälen und das Fruchtfleisch vom Kern schneiden. Die Banane schälen und in Scheiben schneiden. Mit Ananastücken und Kokosmilch in den Mixer geben und alles 30 Sekunden pürieren.

2 Eventuell süßen und nochmals mixen, bis die gewünschte Konsistenz erreicht ist.

3 Den Smoothie in einer Schale mit Toppings garniert servieren.

Nährwerte pro Portion: 312 kcal, F 7 g, KH 71 g, EW 4 g

Avocado-Grünkohl-Banane-Bowl

Für 1 Portion

40 g Grünkohl
½ Avocado (ca. 50 g Fruchtfleisch)
1 Banane (ca. 120 g Fruchtfleisch)
1–2 Pfirsiche (ca. 200 g Fruchtfleisch)
50 ml Kokosmilch
1 TL frisch gehackter Ingwer

Vorschläge für das Topping
Obst nach Wahl
1 EL Knuspermüsli
1 EL Cranberries
1 EL Dattelstückchen

Kokosmilch ist ein Gemisch aus dem Fruchtfleisch reifer Kokosnüsse und Wasser. In ihr sind viele lebenswichtige Mineralien und Vitamine enthalten.

1 Den Grünkohl waschen und abtropfen lassen. Gegebenenfalls die harten Rippen wegschneiden. Die Avocado längs rundherum einschneiden und die beiden Hälften gegeneinander drehen. Mit einem Teelöffel das Avocadofleisch aus einer Fruchtschale herauslösen (die zweite Hälfte in Folie verpackt hält sich einen Tag im Kühlschrank) und mit dem Grünkohl in den Mixer geben.

2 Die Banane schälen und in Scheiben schneiden. Die Pfirsiche waschen, trocknen, an der Naht einschneiden, gegeneinander drehen, den Kern entfernen und das Fruchtfleisch in Stücke schneiden. Alles in den Mixer geben. Kokosmilch und Ingwer zufügen und auf höchster Stufe 30 Sekunden pürieren.

3 Gegebenenfalls süßen und nochmals mixen, bis die gewünschte Konsistenz erreicht ist.

4 Den Smoothie mit Toppings bestreut servieren.

Nährwerte pro Portion: 308 kcal, F 10 g, KH 18 g, EW 5 g

Wem Ingwer zu scharf ist, der kann geriebene Zitronen- oder Limettenschale in den Mixer geben.

Matchatee-Aprikosen-Bowl

Für 1 Portion

40 g Babyspinat
1 Avocado (Fruchtmenge ca. 100 g)
1 Banane
4–6 Aprikosen oder 2–3 Weinbergpfirsiche
* (ca. 200 g Fruchtfleisch)*
4 Datteln
1 TL frisch gehackter Ingwer
100 ml Apfelsaft
1 TL Matchatee-Pulver

Vorschläge für das Topping
Obst nach Wahl
2–3 EL Knuspermüsli (Rezept Seite 11)
1 EL Kokosraspeln
1 EL Chiasamen

Datteln enthalten recht viel Zucker und versorgen den Körper somit schnell mit Energie. Außerdem sind sie reich an Kalium, Magnesium, Kalzium und Phosphor. Da sie auch viele Ballaststoffe enthalten, wirken sie sich positiv auf die Verdauung aus.

1 Den Spinat waschen und gut abtropfen lassen. Die Avocado längs rundherum einschneiden und die beiden Hälften gegeneinander drehen. Mit einem Teelöffel das Avocadofleisch aus einer Fruchtschale herauslösen und mit dem Spinat in den Mixer geben.

2 Die Banane schälen, in Scheiben schneiden, die Hälfte davon in den Mixer geben, die andere Hälfte für das Topping beiseitelegen. Die Aprikosen an der Naht einschneiden, gegeneinander drehen, den Kern entfernen und das Fruchtfleisch in Stücke schneiden, ebenfalls in den Mixer geben. Den Apfelsaft zufügen und alles auf höchster Stufe 30 Sekunden pürieren.

3 Das Matchatee-Pulver einstreuen, gegebenenfalls süßen und nochmals mixen, bis die gewünschte Konsistenz erreicht ist. Den Smoothie in einer Schale mit Toppings bestreut servieren.

Nährwerte pro Portion: 520 kcal, F 13 g, KH 103 g, EW 7 g

Mango-Mangold-Bowl

Für 1 Portion

40g Mangold oder Babyspinat
1 Banane (ca. 120g Fruchtmenge)
1 Mango (ca. 200g Fruchtfleisch)
1 Passionsfrucht (ca. 50g Fruchtmenge)
125g griechischer Joghurt

Vorschläge für das Topping
Obst nach Wahl
1 EL Hanfsamen
1 EL Amaranth-Pops

Amaranth ist mit einem Eiweißanteil von etwa 18 % das eiweißreichste „Getreide" überhaupt. Außerdem enthalten die Körner reichlich Magnesium, Kalzium und Eisen sowie Ballaststoffe, die die die Verdauung in Schwung bringen und gut sättigen.

Mangold enthält große Mengen an Kalium und Kalzium, er ist ein guter Lieferant der Vitamine A und C und trägt auch in hohem Maße an der Versorgung mit Eisen bei.

1 Den Mangold waschen und gut abtropfen lassen. Die Banane schälen, in Scheiben schneiden, einige Scheiben für das Topping zurücklegen. Banane und Mangold in den Mixer füllen.

2 Die Mango waschen, schälen und das Fruchtfleisch in Stücke schneiden. Die Passionsfrucht halbieren, das Fruchtfleisch herauslöffeln und mit den Mangostücken in den Mixer geben.

3 Den Joghurt zufügen und alles 30 Sekunden pürieren, gegebenenfalls süßen und nochmals mixen, bis die gewünschte Konsistenz erreicht ist.

4 Den Smoothie in einer Schale mit Toppings servieren.

Nährwerte pro Portion: 320 kcal, F 12 g, KH 60 g, EW 4 g

10 goldene Tipps für Smoothie Bowls

Für heiße Sommertage

Genießen Sie Ihre Bowl eiskalt, indem Sie tiefgefrorene Früchte oder Eiswürfel aus Saft einmixen.

Die perfekte Cremigkeit

Haferflocken, Schmelzflocken, Chiasamen, aber auch Seidentofu machen aus flüssigen Smoothies cremige Smoothie Bowls. Auch das Einmixen tiefgefrorener Früchte erhöht die Dickflüssigkeit. Bananen sorgen immer für eine gewisse Sämigkeit, ebenso wie Mangofruchtfleisch.

Toppings

Bei der Auswahl der Toppings sollte etwas Knuspriges dabei sein, das gibt ein gutes Mundgefühl. Mit Obst können Farbakzente gesetzt werden und Superfoods wie Banane, Blaubeeren, Nüsse und Co. liefern wichtige Inhaltsstoffe.

Superfoods

Wer Acai-, Goji- oder Maulbeeren, Lucuma-, Maca-, Maqui-, Spirulina- oder Weizengraspulver im Schrank hat, kann seine Smoothie Bowls damit aufpeppen. Sie können diese Superfoods einmixen oder als Topping aufstreuen.

Gemüse für Smoothie Bowls

Bei Obst ist es recht einfach, aber bei Gemüse entsteht oft die Frage, was man denn nehmen kann. Sie können alles ausprobieren, was Sie auch roh essen mögen, vor allem Blattgemüse finden in Smoothie Bowls großen Anklang.

Sind Smoothie Bowls besser als Smoothies?

Der Nachteil bei Smoothies ist, dass sie oft zu schnell getrunken werden. Es ist aber wichtig, dass die Enzyme im Mund Zeit haben, sich mit der Nahrung zu mischen, um damit ihren Beitrag zur Verdauung zu leisten. Da Smoothie Bowls mit den Toppings gekaut werden, ist hier der Prozess der Vorverdauung im Mund gewährleistet.

Obst oder Gemüse?

Gemüse enthalten einige Substanzen, die in Obst kaum oder gar nicht vorkommen, zum Beispiel die B-Vitamine, die im Grünkohl vorkommen. Wer also gerade sehr viele Aufbaustoffe benötigt, sollte öfter mal einen grünen Smoothie zu sich nehmen.

Lagerfähigkeit

Am besten ist es, die Smoothie Bowls frisch zuzubereiten und gleich zu verzehren. Wenn das nicht geht, sollen Sie sie kühl und luftdicht verschlossen aufbewahren. Lassen Sie sie aber nicht länger als 1 Tag im Kühlschrank, Smoothies verderben rasch.

Vorbereitung

Wer morgens wenig Zeit hat, kann sich die Zutaten schon bereit legen: Obst und Gemüse waschen, trocknen, eventuell zurechtschneiden und im Kühlschrank aufbewahren. Die Toppings ebenfalls vorbereiten und zurechtlegen.

Leben mit Genuss

Denken Sie bei Ihren Smoothie Bowls aber nicht nur an die guten Inhaltsstoffe, genießen Sie die Geschmäcker und die Konsistenz und freuen Sie sich, dass Sie und Ihre Kinder so gut versorgt in den Tag gehen können.

Rezeptregister nach Kapiteln

Alphabetisches Rezeptregister

ISBN: 978–3-8094–3652–2

1. Auflage

© 2016 by Bassermann Verlag, einem Unternehmen der Verlagsgruppe Random House GmbH, Neumarkter Str. 28, 81673 München

Umschlaggestaltung und Innenlayout: Atelier Versen, Bad Aibling

Herstellung: Elke Cramer

Umschlagfotos vorne: Udo Einenkel

Rezeptfotos/Foodstyling: Karl Newedel

Bildredaktion: Sabine Kestler

Projektleitung: Anja Halveland

Die Ratschläge in diesem Buch sind von der Autorin und vom Verlag sorgfältig erwogen und geprüft, dennoch kann eine Garantie nicht übernommen werden. Eine Haftung der Autorin bzw. des Verlags und seiner Beauftragten für Personen-, Sach- und Vermögensschäden ist ausgeschlossen.

Der Verlag weist ausdrücklich darauf hin, dass im Text enthaltene externe Links vom Verlag nur bis zum Zeitpunkt der Buchveröffentlichung eingesehen werden konnten. Auf spätere Veränderungen hat der Verlag keinerlei Einfluss. Eine Haftung des Verlags ist daher ausgeschlossen.

Satz: Nadine Thiel, kreativsatz, Baldham

Reproduktion: Regg Media GmbH, München

Druck und Verarbeitung: Neografia, Martin

Printed in Slovakia

Verlagsgruppe Random House FSC® N001967